So wird es gemacht:

Lege einen Bleistift und ein Blatt Papier bereit, damit du bei schwierigen Aufgaben schriftlich rechnen kannst.

Öffne nun das LÜK®-Kontrollgerät und lege die Plättchen in den unbedruckten Deckel. Jetzt kannst du auf den Plättchen und auf der Bodenplatte die Zahlen [1] bis [24] sehen.

Beispiel: Seite 2 **Addition und Subtraktion**
Nimm ein Plättchen — z.B. das Plättchen [1], lies Aufgabe 1 und entscheide, ob die Aufgabe mit + oder − gelöst werden muß. Diese Aufgabe ist eine Additionsaufgabe. In der Antwortspalte unter dem Pluszeichen steht die Feldzahl, auf der du das Plättchen ablegen mußt.

Lege also das Plättchen [1] auf die Zahl 16 der Bodenplatte!
Die Zahl **1** muß nach oben zeigen.

1	2	3	4	5	6
7	8	9	10	11	12
13	14	15	16	17	18
19	20	21	22	23	24

So mußt du weiterarbeiten, bis alle Plättchen auf der Bodenplatte liegen. Schließe dann das Gerät und drehe es herum. Öffne es von der Rückseite! Wenn du das bei der Übungsreihe abgebildete Muster siehst, hast du alle Aufgaben richtig gelöst. Passen einige Plättchen nicht in das Muster, dann hast du dort Fehler gemacht.

Wende diese Plättchen dort, wo sie liegen, um, schließe das Gerät, lege es herum und öffne es wieder!
Nun kannst du sehen, welche Aufgaben du falsch gelöst hast.
Nimm jetzt diese Plättchen heraus und suche die richtigen Ergebnisse!
Kontrolliere dann noch einmal! Stimmt jetzt das Muster?

Und nun viel Spaß!

Addition und Subtraktion

+ oder − ?

		+	−
1	Während einer Grippewelle kommen nur noch 263 Kinder einer Schule zum Unterricht. 178 Kinder fehlen. Wie viele Schüler hat die Schule?	16	7
2	Felix sammelt Briefmarken. Zu seinem Geburtstag bekam er 58 neue Marken. Jetzt hat er 422. Wie viele Briefmarken waren es vorher?	3	24
3	Im Fußballstadion waren heute 2300 Zuschauer. 820 Plätze waren unbesetzt. Wie viele Zuschauer faßt das Stadion?	19	11
4	Von den 2300 Zuschauern hatten 852 einen Sitzplatz. Wie viele standen?	23	15
5	Herr Baumann kauft eine neue Stereoanlage für 2295 DM. Die alte Anlage übernimmt der Händler für 850 DM. Wieviel DM muß Herr Baumann zahlen?	24	7
6	Im letzten Monat wurden in der Stadtbücherei 1286 Bücher an Kinder und Jugendliche, 3472 Bücher an Erwachsene ausgeliehen. Wie viele Entleihungen waren das?	23	16
7	315 Personen gingen in der letzten Stunde in das Schwimmbad hinein, 198 kamen heraus. Wie viele Personen passierten das Tor?	11	15
8	Die Leibnizschule hatte vor drei Jahren 852 Schüler. Das waren 185 mehr als heute. Wie viele Schüler besuchen demnach zur Zeit die Schule?	19	3

Zerlege in Teilaufgaben und berechne!

Unten in der Tabelle findest du neben der richtigen Lösung die Feldzahl, auf der du das Aufgabenplättchen ablegen mußt.

9 Herr Sommer verdient im Monat 4200 DM. Davon werden 850 DM an Steuern und 420 DM an Versicherungen abgezogen.
Wieviel DM bekommt Herr Sommer ausgezahlt?

Abzüge: 850 DM + 420 DM = _____ DM
Auszahlung: 4200 DM − _____ DM = _____ DM

Herr Sommer bekommt _____ DM ausgezahlt.

10 Ein Tankwagen für Heizöl beliefert drei Kunden mit 1400 l, 2000 l und 800 l.
Bei Fahrtantritt waren 5000 l Heizöl im Tank.
Wieviel Liter sind es nach der Lieferung?

Liefermenge für alle Kunden: 1400 l + 2000 l + 800 l =
Restmenge im Tank: 5000 l − _____ l = _____ l

11 Familie Schrader kauft neue Wohnzimmermöbel. Die Sitzgarnitur kostet 3850 DM, die Schrankwand 1870 DM und die Vitrine 940 DM. 2500 DM beträgt die Anzahlung. Wieviel DM bleiben noch zu zahlen?

Gesamtpreis: 3850 DM
+ 1870 DM
+ 940 DM
_____ DM

Rest: → _____ DM
− 2500 DM
_____ DM

12 Ein Gebrauchtwagenhändler verkauft drei Autos für 6500 DM, 5300 DM und 4000 DM. Erworben hatte er die drei Autos für 12000 DM.
Wieviel DM beträgt der Preisunterschied?

Einnahmen für die drei Autos: 6500 DM + 5300 DM + 4000 DM =
Preisunterschied: _____ − 12000 DM = _____ DM

Lösung	Feld
800	8
2930	20
3800	12
4160	4

Eine Skizze kann dir helfen!

13 Für ein Jazzkonzert wurden 320 Karten im Vorverkauf und 170 Karten an der Abendkasse verkauft. Der Saal hat 680 Plätze. Wie viele dieser Plätze blieben leer?

Skizze:

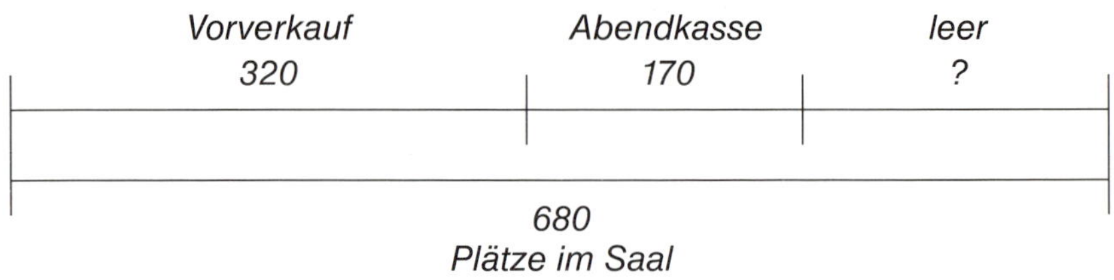

14 Herr Schubert legt morgens 315 DM Wechselgeld in die Kasse seines Lebensmittelladens. Die Tageseinnahmen betragen 4830 DM. Am Nachmittag nimmt er 4200 DM aus der Kasse und bringt sie zur Bank.
Wieviel DM müßten am Abend in der Kasse sein?

Skizze:

15 In der Gemüseabteilung eines Supermarktes liegen morgens 63 kg Äpfel. 125 kg werden neu angeliefert, 132 kg werden verkauft und 18 kg wegen fauler Stellen ausgesondert. Wieviel kg Äpfel liegen am Abend im Regal?

Skizze:

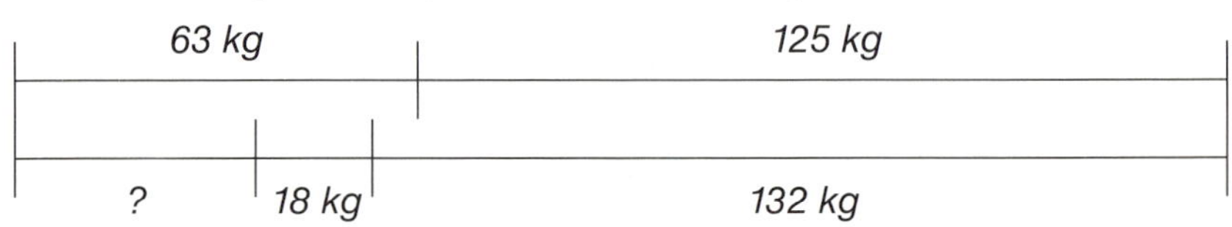

16 Ein Zug startet in Hannover mit 85 Fahrgästen. Unterwegs steigen 655 Personen zu und 460 aus. Mit wie vielen Fahrgästen läuft der Zug in den Zielbahnhof Köln ein?

Lösung	Feld
38	13
190	21
280	22
945	17

17 Bei einer Lotterie werden von 6 000 Losen am ersten Tag 1 470, am zweiten Tag 890 und am dritten Tag 1 140 verkauft. Wie viele Lose können am vierten Tag angeboten werden?

18 Ein Dorf hatte zu Jahresbeginn 2 470 Einwohner. Im Laufe des Jahres zogen 80 Personen fort, 170 zogen hinzu. Ferner gab es 12 Geburten und 6 Todesfälle. Wie viele Einwohner hatte das Dorf am Ende des Jahres?

19 In einem Weinkeller lagern im ersten Regal 250 Flaschen, im zweiten Regal 30 Flaschen weniger und im dritten Regal 40 Flaschen mehr als im ersten Regal. Wie viele Flaschen sind das zusammen?

20 Familie Neumann fährt in den Urlaub. Herr Neumann wiegt 82 kg, seine Frau 63 kg und seine Tochter 45 kg. Das Gepäck wiegt 110 kg, das leere Auto 1 100 kg. Wieviel kg beträgt das Gesamtgewicht?

Suche den passenden Lösungsansatz!

21 Subtrahiere von der Summe der Zahlen 96 und 25 die Differenz der Zahlen 43 und 26!

22 Addiere zur Differenz der Zahlen 96 und 25 die Summe der Zahlen 43 und 26!

23 Subtrahiere von der Differenz der Zahlen 96 und 25 die Zahlen 43 und 26!

24 Addiere zur Zahl 96 die Zahl 25 und die Differenz der Zahlen 43 und 26!

Lösung 17 - 20	Feld
760	5
1 400	10
2 500	6
2 566	14

Lösung 21 - 24	Feld
$96 + 25 + (43 - 26)$	1
$(96 - 25) - 43 - 26$	9
$(96 + 25) - (43 - 26)$	2
$(96 - 25) + (43 + 26)$	18

Multiplikation und Division

• oder : ?

		•	:
1	Ein Getränkemarkt verkauft 38 Kisten mit Apfelsaft. Die Kiste kostet 12 DM. Wie hoch ist die Einnahme? *Überlege:* *Eine Kiste kostet 12 DM.* *38 Kisten kosten 38 [?] 12 DM.*	5	12
2	Der Getränkemarkt verkauft in der gleichen Zeit 33 Kisten Traubensaft für insgesamt 792 DM. Wieviel kostet eine Kiste? *Überlege:* *33 Kisten kosten 792 DM.* *Eine Kiste kostet 792 DM [?] 33.*	10	1
3	Cola wurde zu 16 DM pro Kiste verkauft. Die Einnahmen für Cola betrugen 416 DM. Wie viele Kisten Cola wurden verkauft? *Überlege:* *416 DM Einnahme bei 16 DM pro Kiste.* *Anzahl der Kisten: 416 DM [?] 16 DM*	16	4
4	Klasse 5a besucht ein Theaterstück. Pro Kind werden für Eintritt und Fahrtkosten 12 DM eingesammelt. Wieviel Geld sammelt die Lehrerin von ihren 28 Schülern ein?	6	5
5	Einer Lottogemeinschaft gehören 8 Personen an. Die Gemeinschaft gewinnt 4176 DM. Wieviel bekommt jeder einzelne ausgezahlt?	2	10
6	Ein Kaufhaus bezahlt für einen Ballen Stoff 884 DM. Der Ballen enthält 52 Meter Stoff. Wieviel kostet ein Meter?	4	2

Finde die Lösung!

7 Ein Geselle in der Tischlerei Jacoby verdient pro Woche 720 DM. Wie hoch ist sein Stundenlohn, wenn er pro Woche 40 Stunden arbeitet?

8 Zum Bau einer kleinen Mauer braucht Herr Mechias 280 Backsteine. Das Stück kostet 0,50 DM. Wieviel zahlt Herr Mechias insgesamt für die Steine?

9 Herr Sander verdient pro Monat 4 000 DM. Wieviel bekommt er im Jahr, wenn er als Weihnachtsgeld ein volles Gehalt zusätzlich erhält?

10 „Dieser Mantel kostet im Winterschlußverkauf die Hälfte", sagt der Verkäufer. Herr Bruns zahlt 260 DM. Wieviel kostete der Mantel vor dem Winterschlußverkauf?

11 Annette zählt die Pulsschläge bei Claudia. In 10 Sekunden mißt sie 12 Schläge. Wie viele Pulsschläge ergibt das für eine Minute?

12 Claudia zahlt beim Bäcker für 8 Vollkornbrötchen 4,40 DM. Wieviel hätten 2 Brötchen gekostet?

Zerlege in Teilaufgaben und berechne!

13 Holger trägt morgens Zeitungen aus. Für jede der 150 Zeitungen bekommt er 18 Pfennig. Wieviel verdient er pro Woche, wenn die Zeitung außer sonntags an jedem Tag erscheint?

Verdienst pro Tag: *150 · 18 Pf = ____ Pf = __ DM*
Verdienst pro Woche: *6 · __ DM = ___ DM*

14 Eine Jugendgruppe macht eine Busfahrt. Jeder der 60 Teilnehmer sollte dafür 5 DM zahlen. Am Ausflugstag fehlen 10 Kinder. Wieviel kostet jetzt die Fahrt für jedes Kind, wenn die Gesamtkosten für den Bus gleich bleiben?

Gesamtkosten: *60 · 5 DM = ___ DM*
Kosten pro Kind: *___ DM : 50 = _ DM.*

15 Bei einer Feier wurden von jedem der 24 Teilnehmer durchschnittlich drei Tassen Kaffee getrunken. Wie viele Kannen Kaffee mußten gekocht werden, wenn eine Kanne 8 Tassen ergab?

Lösung	Feld
1,10 DM	7
6 DM	14
9	16
18 DM	8
72	11
162 DM	18
140 DM	12
520 DM	9
52 000 DM	3

16 Im Mediawerk verdient ein Facharbeiter in der Stunde 21 DM. Das Werk hat 25 Facharbeiter. Wieviel DM werden insgesamt an die Facharbeiter pro Woche ausgezahlt, wenn die Arbeitszeit wöchentlich 40 Stunden beträgt?

17 Ulf bekommt pro Woche 12 DM. Er spart regelmäßig ein Drittel davon. Nach wie vielen Wochen hat er das Geld für einen Kassettenrecorder zusammen, der 160 DM kostet?

18 Frau Brackmann fährt täglich mit ihrem eigenen Pkw von ihrer Dienststelle zu einer Filiale. Auf Hin- und Rückfahrt legt sie zusammen 15 km zurück. Sie bekommt von ihrem Arbeitgeber pro km eine Erstattung von 0,60 DM. Wieviel DM bekommt sie pro Woche erstattet, wenn sie an fünf Tagen arbeitet?

19 Ein Kino hat 210 Plätze. Der Eintritt beträgt 9 DM. Wie hoch sind die Einnahmen bei einer Vorstellung, wenn das Kino zu einem Drittel besetzt ist?

20 Für 14 Tage Vollpension im Urlaub zahlt Herr Schmidthuber für die Familie mit zwei Kindern 3 360 DM. Wieviel DM kostet die Vollpension pro Person und pro Tag, wenn es für Kinder keine Ermäßigung gibt?

Suche den passenden Lösungsansatz!

21 Dividiere das Doppelte von 132 durch 12!

22 Halbiere das Produkt aus 132 und 12!

23 Dividiere die Hälfte von 132 durch 12!

24 Verdoppele das Produkt aus 132 und 12!

Lösung 16 - 20	Feld
40	19
45	15
60	23
630	20
21 000	17

Lösung 21 - 24	Feld
132 · 12 · 2	22
132 · 12 : 2	13
132 · 2 : 12	21
132 : 2 : 12	24

Verknüpfung der vier Grundrechenarten

Welche Rechenart?

		+	−	•	:
1	Die Arbeitsstelle von Herrn Meier ist 12 km von seiner Wohnung entfernt. Welche Strecke ergibt sich für Fahrten zur Arbeitsstelle und zurück bei 25 Arbeitstagen im Monat?	12	1	7	8
2	Nach dem Umbau soll das Fußballstadion 2 700 Zuschauer mehr aufnehmen können. Heute hat es 8 650 Plätze.	9	11	5	3
3	Herr Paschke hat ein Jahresgehalt von 45 000 DM. Wieviel verdient er in einem Monat?	1	10	3	12
4	Ulf hat pro Woche 28 Stunden Unterricht. Wie viele Stunden sind das im Jahr bei 39 Wochen Schulzeit?	6	7	8	11
5	Mittelstadt hat 17 831 Einwohner. Im Jahre 1945 waren es 9 752. Um wie viele hat die Einwohnerzahl zugenommen?	10	5	9	1
6	Torsten legt auf dem Fahrrad in zwei Stunden 30 km zurück. Welche Strecke ist das pro Minute?	8	12	11	10
7	Kerstin ist bei einer Körpergröße von 1,54 m um 17 cm größer als Melanie. Wie groß ist Melanie?	7	3	6	9
8	Annas Puls schlägt in der Minute 82 mal. Wie viele Schläge sind es in einer Stunde?	3	9	1	5
9	Manuela hatte vor zwei Jahren 135 Briefmarken weniger als heute. Damals waren es 872 Marken. Wie viele sind es heute?	11	6	12	7
10	Ein Fremdenverkehrsort verzeichnete im letzten Jahr 48 600 Übernachtungen. Das ist sechsmal soviel wie vor 20 Jahren. Wie viele Übernachtungen gab es vor 20 Jahren?	5	8	10	6

Zerlege in Teilaufgaben und berechne!

11 Felix spart auf einen Computer, der 329 DM kosten soll. 179 DM hat er auf seinem Sparbuch. Pro Woche spart er 5 DM. Nach wie vielen Wochen hat er das Geld für den Computer zusammen?

12 Heiligabend ist die Kirche mit 375 Besuchern gefüllt. Die Kirche hat im Hauptschiff 16 Reihen mit je 18 Sitzplätzen, die Empore hat 52 Sitzplätze. Wie viele der Gottesdienstbesucher müssen stehen?

13 Der Bus für eine Klassenfahrt soll 375 DM kosten. Wieviel DM muß jeder der 25 Schüler zahlen, wenn der Elternverein der Schule 100 DM zu den Buskosten beisteuert?

14 Für den Werkunterricht kauft Herr Mahlmann 25 Sperrholzplatten zu je 7 DM, 15 Päckchen Laubsägeblätter zu je 3 DM und einen Fuchsschwanz zu 19 DM. Wieviel DM muß er insgesamt bezahlen?

15 In der Tischlerei Brandes verdient ein Geselle 20 DM und ein Hilfsarbeiter 16 DM pro Stunde. Wie groß ist der Unterschied im Wochenlohn bei 40 Arbeitsstunden pro Woche?

16 Der Besitzer eines Kiosks zahlt für eine Lieferung von 12 Kisten Cola 216 DM. Eine Kiste enthält 30 Dosen. Die Dose verkauft er für 1 DM. Wie hoch ist sein Gewinn nach Verkauf der ganzen Lieferung?

17 Ein Schwimmbecken faßt 48 000 Liter Wasser. Es wird aus drei Rohren gefüllt, von denen das kleinste pro Stunde 250 Liter, die beiden anderen das Doppelte und das Dreifache dieser Menge in das Becken abgeben. Nach wie vielen Stunden ist das Becken gefüllt?

(Hilfe: Berechne zunächst die Füllmenge aus den drei Rohren in einer Stunde!)

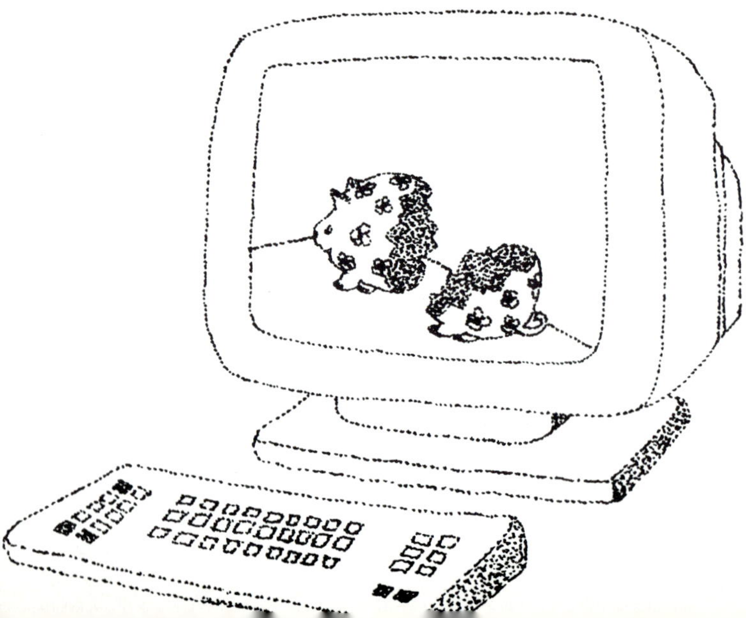

Lösung	Feld
11	19
30	2
32	15
35	4
144	20
160	23
239	21

Eine Skizze kann dir helfen!

18 In Manuelas Klasse sind 28 Schüler. Es sind dreimal soviele Mädchen wie Jungen. Wie viele Mädchen gehen in die Klasse?

28 Schüler

Jungen	*Mädchen*	*Mädchen*	*Mädchen*
7	*7*	*7*	*7*

19 Frau Sander zahlt bei einem Theaterbesuch für sich und ihre beiden Kinder insgesamt 44 DM an Eintritt. Eine Kinderkarte kostet 12 DM. Wieviel DM hat Frau Sander für sich an Eintritt bezahlt?

44 DM

12 DM	*12 DM*	*?*

20 Christine bekam im letzten Jahr insgesamt 160 DM an Taschengeld. Bis einschließlich August waren es monatlich 12 DM. Ab September wurde ihr Taschengeld erhöht. Wieviel DM bekam Christine ab September monatlich?

Jan	*Feb*	*Mär*	*Apr*	*Mai*	*Jun*	*Jul*	*Aug*	*Sep*	*Okt*	*Nov*	*Dez*
12	*12*	*12*	*12*	*12*	*12*	*12*	*12*	*?*	*?*	*?*	*?*

160

Suche den passenden Lösungsansatz!

21 Subtrahiere vom Produkt aus 48 und 12 die Summe von 75 und 15!

22 Multipliziere die Differenz von 48 und 12 mit dem Produkt aus 75 und 15!

23 Addiere zum Produkt aus 48 und 12 die Differenz von 75 und 15!

24 Dividiere die Summe aus 48 und 12 durch den Quotienten aus 75 und 15!

Lösung 18 - 20	Feld
20	16
16	13
21	24

Lösung 21 - 24	Feld
48 · 12 + 75 − 15	14
48 · 12 − (75 + 15)	17
(48 − 12) · 75 · 15	22
(48 + 12) : (75 : 15)	18

Rechnen mit Geld

Rechne um in DM mit Komma!

Beispiel: *17 DM 53 Pf = 17,53 DM*

1 80 DM 50 Pf

2 80 DM 5 Pf

3 805 Pf

4 850 Pf

5 8 500 Pf

6 800 500 Pf

Lösung	Feld
8,05 DM	19
8,50 DM	23
80,05 DM	22
80,50 DM	24
85,00 DM	8
8 005,00 DM	21

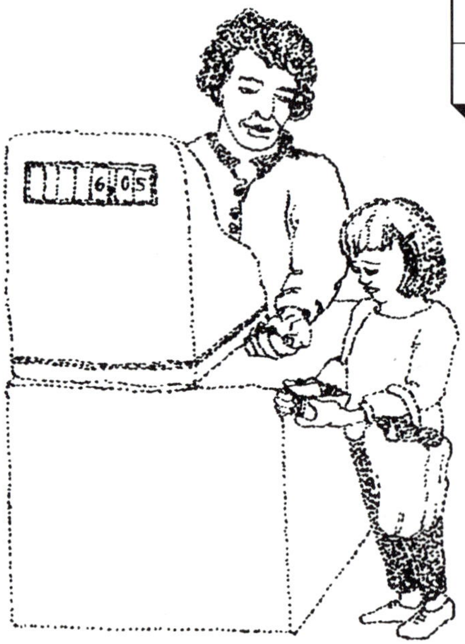

Sieh dir das Beispiel genau an und löse dann die Aufgaben!

Beispiel: *46,36 DM + 79 Pf*

$$\begin{array}{r} 46{,}36\ \text{DM} \\ +\ 0{,}79\ \text{DM} \\ \hline 47{,}15\ \text{DM} \end{array}$$

7 15,38 DM + 84 Pf

8 7,75 DM + 263 Pf + 18 DM 35 Pf

9 17,14 DM − 43 Pf

10 49,30 DM − 32 DM 68 Pf

Lösung	Feld
16,22 DM	10
16,62 DM	7
16,71 DM	20
28,73 DM	12

Vergleiche die Beispiele und löse dann die Aufgaben!

Beispiele:

46,36 DM · 7

4 636 Pf · 7
= 32 452 Pf
= 324,25 DM

193,20 DM : 6 *19 320 Pf : 6* *= 3 220 Pf* *= 32,20 DM*	*14 DM : 0,40 DM* *1 400 Pf : 40 Pf* *= 35*

11 8,65 DM · 4

12 3 DM 42 Pf · 9

13 94,50 DM : 3

14 284,80 DM : 8

15 15,50 DM : 0,50 DM

16 29,40 DM : 1,40 DM

Lösung	Feld
21	17
30,78 DM	9
31	14
31,50 DM	18
34,60 DM	11
35,60 DM	16

17 Die Herstellung der Schülerzeitung „Klecks“ kostet 135,20 DM. 160 Exemplare wurden zu einem Stückpreis von 80 Pfennig verkauft. Wie hoch ist der Verlust?

18 Klasse 5 c fährt mit 24 Schülern ins Theater. Die Lehrerin zahlt für die Schüler an Eintritt 216 DM, der Bus kostet 144 DM. Wieviel muß jeder Schüler zahlen?

19 Ein Kino hat 240 Plätze zu 10,50 DM. Das Kino ist zur Hälfte besetzt. Wie hoch sind die Einnahmen?

20 Für ein Fest der Leichtathletikgruppe im Sportverein kauft der Übungsleiter 20 Flaschen Fruchtsaft zu je 1,80 DM, 40 Stück Kuchen zu je 70 Pfennig und eine Tüte Bonbons zu 4 DM. Wieviel muß der Übungsleiter insgesamt bezahlen?

21 Im Schaufenster eines Fahrradgeschäftes steht ein Rennrad mit folgendem Angebot: 598 DM bei Barzahlung oder 12 Monatsraten zu je 52,50 DM. Um wieviel ist der Ratenkauf teurer?

22 Holger spart auf den Bausatz für einen Flugzeugträger, der 89,50 DM kosten soll. Er hat 46,45 DM auf seinem Sparkonto. Holgers Mutter will 20 DM beisteuern. Wieviel Geld fehlt Holger dann noch?

23 Lars überlegt: „Wenn ich jetzt noch viermal Taschengeld bekomme, habe ich 19,50 DM. Wenn ich dann wiederum viermal Taschengeld bekomme, habe ich 31,50 DM.“ Wieviel Geld hat Lars im Augenblick?

24 Hausmeister Vollmer verkauft an die Schüler im Laufe der Woche 52 Kisten Milch. Pro Kiste bekommt die Molkerei von ihm 18 DM. In einer Kiste sind 30 Becher Milch, die er für je 65 Pfennig an die Schüler verkauft. Wieviel verdient Herr Vollmer in dieser Woche am Milchverkauf?

Lösung	Feld
7,20 DM	4
7,50 DM	5
15,00 DM	13
23,05 DM	15
32,00 DM	2
68,00 DM	6
78,00 DM	1
1260,00 DM	3

Probleme mit dem Gewicht?

Denke daran:

1 t = 1 000 kg
1 kg = 1 000 g
1 g = 1 000 mg

t — Tonne
kg — Kilogramm
g — Gramm
mg — Milligramm

Wandle um in kg!

Beispiele: *2 t 543 kg = 2 543 kg; 650 g = 0,650 kg*

1 3,2 t

2 3,002 t

3 0,32 t

4 3 kg 2 g

5 3 t 20 kg

6 320 g

7 32 000 g

8 32 000 mg

Lösung	Feld
3 200 kg	16
3 020 kg	12
3 002 kg	14
320 kg	5
32 kg	8
3,002 kg	3
0,320 kg	1
0,032 kg	10

Wandle um und berechne!

9 13,25 kg + 650 g

10 8,7 kg + 5 kg 300 g + 0,6 kg

11 15 kg 200 g − 1,9 kg

12 0,1 t − 86,9 kg

Lösung	Feld
14,6 kg	23
13,9 kg	18
13,3 kg	21
13,1 kg	19

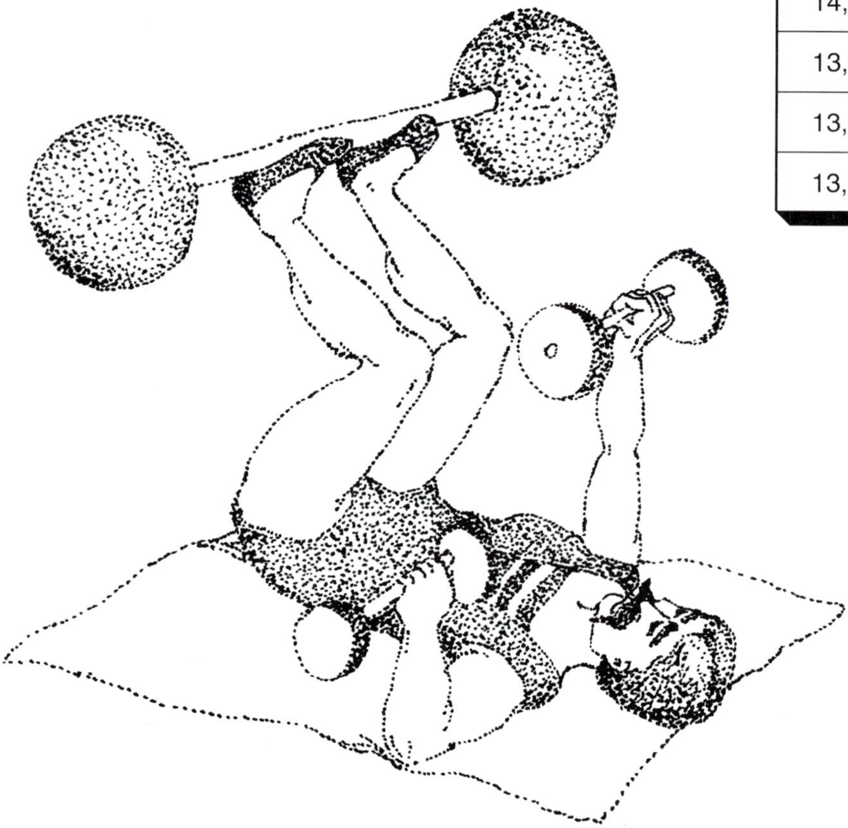

13 0,43 t · 4

14 5 g 600 mg · 20

15 15,5 t : 5

16 0,39 kg : 3

Lösung	Feld
130 g	15
112 g	2
3,1 t	6
1,72 t	4

17 Von einem Käse mit 5 kg Gewicht wird je ein Stück mit 800 g, 1,6 kg und 0,7 kg abgeschnitten. Wie schwer ist das Reststück?

18 Mit der neuen Füllmaschine in der Marmeladenfabrik können pro Stunde 1200 Gläser gefüllt werden. In ein Glas passen 450 g. Wieviel kg Marmelade können in einer Stunde abgefüllt werden?

19 Einem Faß mit 3000 l Apfelsaft werden 195 g Vitamin C zugesetzt. Wieviel mg sind das pro Liter?

20 Ein Obsthändler holt Äpfel aus dem Alten Land. Sein Lastwagen ist für eine Zuladung von 4 t zugelassen. Wie viele Kisten mit Äpfeln kann er höchstens laden, wenn das Gewicht pro Kiste 25 kg beträgt?

21 Ein Lastwagen hat drei Container mit jeweils 450 kg Gewicht geladen. Das Leergewicht des Lastwagens beträgt 2,3 t. Gib das Gesamtgewicht des Lastwagens in t an!

22 In einem Supermarkt werden 3 t 420 kg Kartoffeln verpackt. Zunächst werden 280 Plastikbeutel mit je 3 kg Kartoffeln gefüllt, der Rest wird in Säcke zu je 15 kg verpackt. Wie viele 15 kg-Säcke werden gefüllt?

23 Herr Süßbier will in seinem Kiosk Studentenfutter verkaufen. Er mischt 15 kg Rosinen mit 4,6 kg Mandeln, 5,2 kg Haselnüssen und 0,8 kg Paranüssen. Die Mischung verpackt er in Tüten mit je 200 g Inhalt. Wie viele Tüten mit Studentenfutter kommen zusammen?

24 Ein Brief wiegt durchschnittlich 40 g und eine Wochenzeitschrift durchschnittlich 350 g. Wieviel wiegt die Tasche eines Briefträgers, die mit 170 Briefen und 40 Zeitschriften gefüllt ist und ein Leergewicht von 0,8 kg hat?

Lösung	Feld
540 kg	17
172	13
160	22
128	9
65 mg	7
21,6 kg	11
3,65 t	24
1,9 kg	20

Lauter Längen

Denke daran:

1 km = 1 000 m
1 m = 10 dm
1 dm = 10 cm
1 cm = 10 mm

km — Kilometer
m — Meter
dm — Dezimeter
cm — Zentimeter
mm — Millimeter

Wandle um in m!

Beispiele: *35 cm = 0,35 m; 3,2 km = 3 200 m*

1 4 m 17 cm

2 4 m 17 mm

3 41 m 7 dm

4 41 m 7 cm

5 417 mm

6 4,17 km

7 4 km 17 m

8 0,417 km

Lösung	Feld
4 170 m	21
4 017 m	9
417 m	7
41,7 m	23
41,07 m	19
4,17 m	20
4,017 m	22
0,417 m	11

Berechne!

9 41,7 km + 17,3 km = km

10 22 dm + 315 cm = dm

11 1 m − 43,4 cm = cm

12 0,2 km − 145 m = m

13 2,5 cm · 300 = m

14 2,25 m : 25 cm = Stück

15 320 cm : 800 = mm

16 35 mm · 2 000 = m

Lösung	Feld
70	14
59	24
56,6	8
55	10
53,5	12
9	15
7,5	13
4	17

17 Katja geht zu Fuß zum Schwimmbad und zählt dabei 1200 Schritte. Ihre Schrittlänge beträgt 70 cm. Wie weit ist Katja gegangen?

18 Die Aschenbahn um den Sportplatz herum hat eine Länge von 400 m. Sylvia will 12 km laufen. Wie viele Runden muß sie drehen?

19 Auf dem Weg zur Schule geht Ulf zunächst 640 m zu Fuß, dann fährt er 3,2 km mit dem Bus. Dann legt er noch 260 m zu Fuß zurück. Wieviel km ist sein Schulweg lang?

20 Im Biologiebuch ist das Bild einer Ameise. Darunter steht: „15 fach vergrößert". Jan mißt die Länge der Ameise auf dem Bild mit 8,4 cm. Wie lang ist die Ameise in Wirklichkeit?

21 Herr Sprenger schneidet von einer Rolle mit 20 m Elektrokabel erst 3,50 m, dann 5,80 m und dann dreimal 70 cm ab. Wie lang ist der Rest?

22 Martin mißt aus, daß sein Fahrrad bei einer Radumdrehung 2 m zurücklegt. Auf einer Radtour legt er 14,2 km zurück. Wie viele Umdrehungen sind das?

23 Ein Blatt Papier ist 0,1 mm dick. Wie viele Blätter Papier liegen auf einem Stapel mit 3,5 dm Höhe?

24 Ein Spielplatz ist 85 m lang und 42,5 m breit. Wie lang ist der Zaun, der den Spielplatz begrenzt?

Lösung	Feld
7100	16
3500	1
840 m	4
255 m	5
30	18
8,6 m	6
5,6 mm	2
4,1 km	3

Wer hat schon genügend Zeit?

Denke daran:

1 Jahr = 12 Monate = 52 Wochen
1 Jahr = 365 Tage
1 Tag = 24 h
1 h = 60 min
1 min = 60 sec

h — Stunde
min — Minute
sec — Sekunde

Rechne um!

1 $\frac{1}{4}$ Jahr = Wochen

2 $3\frac{1}{2}$ h = min

3 $3\frac{1}{2}$ Tage = h

4 6 min 6 sec = sec

5 72 000 sec = h

6 1 Jahr = h

Lösung	Feld
13	7
20	17
84	12
210	9
366	20
8 760	10

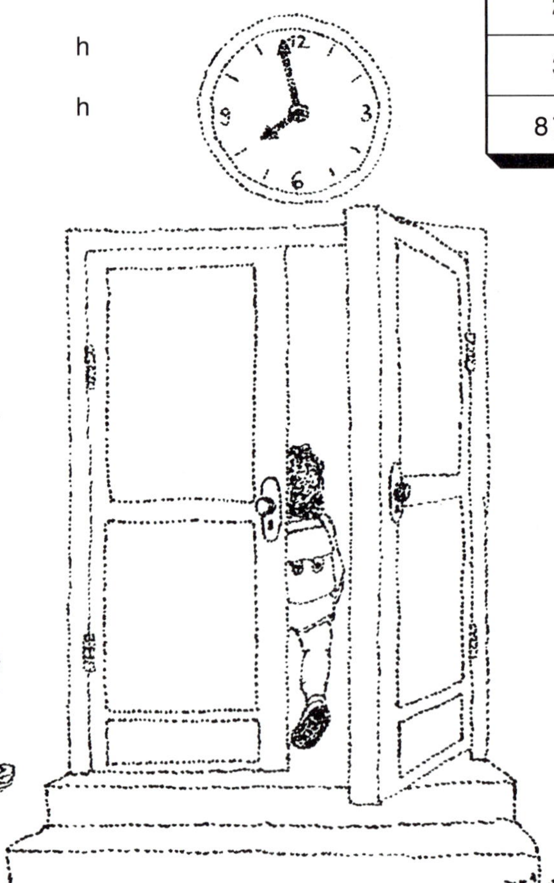

Leider fehlen auf der Tabelle für einen Skilanglauf einige Angaben. Kannst Du sie ergänzen?

		Start	Ankunft	Laufzeit
	Beispiel	8.15 Uhr	10.38 Uhr	2 h 23 min
7	Weinbach	9.27 Uhr	12.43 Uhr	
8	Böhle	8.30 Uhr		3h 12 min
9	Engerer		13.01 Uhr	2 h 50 min
10	Weiß	8.47 Uhr	11.23 Uhr	
11	Wußberg	7.52 Uhr		3 h 9 min
12	Mackola		12.17 Uhr	3 h 24 min

Weg, Zeit und Geschwindigkeit. Ergänze auch diese Tabelle!

Beispiel: Ein Weg von 30 km wird in einer Zeit von 2 h zurückgelegt. Das ergibt eine Geschwindigkeit von 15 km/h (15 Kilometer pro Stunde).

	Weg	Zeit	Geschwindigkeit
13	420 km	6 h	km/h
14	13 km	½ h	km/h
15	km	4 h	65 km/h
16	30 km	h	12 km/h

Lösung 13 - 16	Feld
2½	8
26	22
70	19
260	11

Lösung 7 - 12	Feld
8.53 Uhr	3
10.11 Uhr	23
11.01 Uhr	14
11.42 Uhr	1
2 h 36 min	6
3 h 16 min	4

17 Bei einem 5 000 m - Lauf benötigt der Sieger 17 min 23 sec. Der letzte benötigt 21 min 46 sec. Um wie viele Sekunden ist er langsamer?

18 Wie viele Umdrehungen macht der Sekundenzeiger einer Uhr an einem Tag?

19 Eine Kunststoffpresse benötigt für ein Teil 12 sec. Wie viele Teile können in 6 Stunden hergestellt werden?

20 In einem Autowerk werden in einer Schicht von 8 Stunden 2 400 Autos hergestellt. Wie viele Autos sind das pro Minute?

21 In der Luft legt der Schall in drei Sekunden etwa 1000 m zurück. Michaela stellt bei einem Gewitter fest, daß der Donner 24 Sekunden nach dem Blitz eintritt. Wieviel km ist das Gewitter entfernt?

22 Ein Satellit rast mit einer Geschwindigkeit von 28 000 km/h um die Erde. Die Zeit für einen Erdumlauf beträgt 90 Minuten. Wieviel km legt er dabei zurück?

23 Frau Schmidt will mit ihrem Auto von Düsseldorf nach München fahren. Wie viele Stunden muß sie für diese 600 km lange Strecke einplanen, wenn sie mit einer Durchschnittsgeschwindigkeit von 80 km/h rechnet?

24 Ein Eilzug fährt um 9.22 Uhr in Hannover ab und trifft um 11.17 Uhr in Hamburg ein. In Uelzen hat er 6 min und in Lüneburg 9 min Aufenthalt. Wie viele Minuten beträgt die reine Fahrzeit?

Lösung	Feld
5	13
$7\frac{1}{2}$	2
8	5
100	18
263	15
1 440	24
1 800	16
42 000	21

Mittelwerte

Wieviel ist es im Mittel?

1 Auf einem Kindergeburtstag werden von 6 Kindern 18 Würstchen gegessen. Wie viele Würstchen sind das im Mittel pro Kind?

2 Herr Neumann ist als Handelsvertreter von Montag bis Freitag mit seinem Auto 2700 km gefahren. Wieviel km sind das im Mittel pro Tag?

3 Anja hat an Taschengeld und Geschenken im letzten Jahr 156 DM bekommen. Wieviel DM sind das im Mittel pro Monat?

4 Holger kauft einen Beutel mit 7 kg Äpfeln. Er zählt die Äpfel; es sind genau 50 Stück. Wieviel Gramm wiegt ein Apfel im Durchschnitt?

5 „Im Mittel hat jeder Kirchenbesucher heute 80 Pfennig gespendet“, stellt Pastor Meyer befriedigt fest. 170 Personen waren im Gottesdienst. Wieviel DM sind insgesamt gespendet worden?

6 Frau Schlosser hat mit ihrem Auto für 3200 km 304 l Benzin verbraucht. Wieviel Liter Benzin sind das im Durchschnitt für 100 km?

Lösung	Feld
3	7
9,5	22
13	24
136	17
140	20
540	9

Erst addieren, dann dividieren!

7 Ein Busfahrer notiert von Montag bis Freitag die täglich zurückgelegten Strecken: 196 km, 212 km, 217 km, 217 km, 198 km. Wieviel ist er im Mittel pro Tag gefahren?

Summe : 196 km + 212 km + 217 km + 217 km + 198 km = ____ km

Mittelwert: ____ km : 5 = ___ km

Armin, Felix und Torsten vergleichen nach den Bundesjugendspielen ihre Leistungen im Schlagballweitwurf. Sie nehmen dazu die Mittelwerte ihrer jeweils drei Versuche.

8 Armin : 38 m, 46 m, 48 m

9 Felix : 49 m, 45 m, 29 m

10 Torsten: 41 m, 43 m, 42 m

Lösung	Feld
41	11
42	6
44	13
208	15

Berechne die Mittelwerte!

11 21 DM; 5 DM; 19 DM

12 24 cm; 28 cm; 11 cm

13 32 min; 18 min; 37 min

14 266 l; 186 l; 120 l; 340 l

15 8,26 sec; 8,30 sec; 8,28 sec

16 3600 km; 4800 km

17 4,4 t; 3,7 t; 4,2 t

18 0,10 DM; 0,20 DM; 0,50 DM; 1 DM; 1 DM; 5 DM

Lösung	Feld
1,30	12
4,1	3
8,28	23
15	2
21	4
29	19
228	21
4200	8

19 Im Bus der Linie 12 werden bei den letzten vier Fahrten 32 Personen, 28 Personen, 11 Personen und 5 Personen befördert. Wie viele Personen sind das im Mittel pro Fahrt?

20 Herr Notnagel hat in seiner Drogerie in den drei ersten Monaten des Jahres folgende Gewinne erzielt: 6700 DM, 4600 DM und 5500 DM. Wieviel DM betrug der monatliche Gewinn im Mittel?

21 Familie Hinz zahlte 1987 für Strom vierteljährlich 165 DM. Bei der Jahresabrechnung für das Jahr 1987 wurden 48 DM an Familie Hinz zurückgezahlt. Wieviel DM betrugen die mittleren monatlichen Stromkosten für das Jahr 1987?

22 Die Klassen der Schillerschule haben im Mittel 27,5 Schüler. Die Schule hat 12 Klassen. Wie viele Schüler hat die Schule?

23 „Im Mittel habe ich von meinen drei Tanten je 15 DM geschenkt bekommen.“ sagt Melanie stolz. „Tante Christa hat mir 5 DM gegeben und Tante Sigrid 20 DM“. Wieviel Geld hat Melanie von Tante Lore bekommen?

24 Ein kleiner Scherz: Drei Frühstückseier werden $4\frac{1}{2}$ Minuten gekocht. Wie lange kocht ein Ei im Mittel?

Lösung	Feld
$4\frac{1}{2}$	18
19	16
20	14
51	5
330	10
5600	1

Hier geht es um Flächen!

Denke daran:

Ein Quadrat mit der Seitenlänge	1 mm	1 cm	1 m	10 m	100 m	1 km
hat den Flächeninhalt	1 mm^2	1 cm^2	1 m^2	1 a	1 ha	1 km^2

1 km^2 = 100 ha
1 ha = 100 a
1 a = 100 m^2
1 m^2 = 100 dm^2
1 dm^2 = 100 cm^2
1 cm^2 = 100 mm^2

km^2 — Quadratkilometer
ha — Hektar
a — Ar

Rechne um in m^2!

1 270 dm^2 = m^2

2 2 700 cm^2 = m^2

3 2,7 a = m^2

4 0,27 ha = m^2

5 2 ha 70 a = m^2

6 2 ha 7 a = m^2

Lösung	Feld
0,27	4
2,7	6
270	1
2 700	5
20 700	3
27 000	7

Verwandle in die angegebene Flächeneinheit!

7 28,5 m^2 = dm^2

8 2,85 m^2 = cm^2

9 285 m^2 = a

10 45 km^2 = ha

11 450 mm^2 = cm^2

12 4 500 cm^2 = m^2

Lösung	Feld
0,45	10
2,85	2
4,5	12
2 850	9
4 500	8
28 500	11

Vergleiche:

1 km ← (· 1000) ← 1 m ← (· 10) ← 1 dm ← (· 10) ← 1 cm ← (· 10) ← 1 mm

1 km^2 ← (· 100) ← 1 ha ← (· 100) ← 1a ← (· 100) ← 1 m^2 ← (· 100) ← 1 dm^2 ← (· 100) ← 1 cm^2 ← (· 100) ← 1 mm^2

13 91 m = cm

14 91 m^2 = cm^2

15 9 100 m = km

16 910 000 m^2 = km^2

17 9 cm 1 mm = mm

18 9 cm^2 1 mm^2 = mm^2

Lösung	Feld
0,91	18
9,1	13
91	22
901	14
9 100	17
910 000	15

Berechne!

19 5,2 m + 3 dm = dm

20 5,2 m^2 + 3 dm^2 = dm^2

21 5,2 km + 3 m = km

22 5,2 km^2 + 3 ha = km^2

23 52 cm · 3 = dm

24 52 cm^2 · 3 = dm^2

Lösung	Feld
1,56	19
5,203	20
5,23	16
15,6	23
55	21
523	24

Wie groß ist das Rechteck?

Unterscheide!

Umfang

Wie lang ist der Rand?

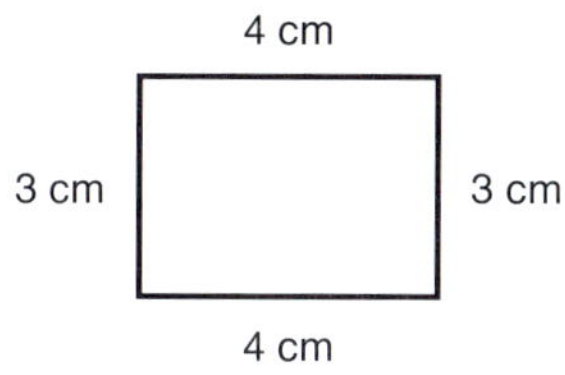

4 cm + 3 cm + 4 cm + 3 cm = 14 cm

Flächeninhalt

Wie groß ist die Fläche?

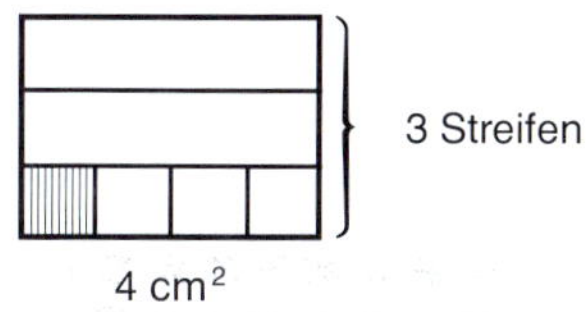

$4\ cm^2 \cdot 3 = 12\ cm^2$

1 Wie groß ist der Umfang?

2 Wie groß ist der Flächeninhalt?

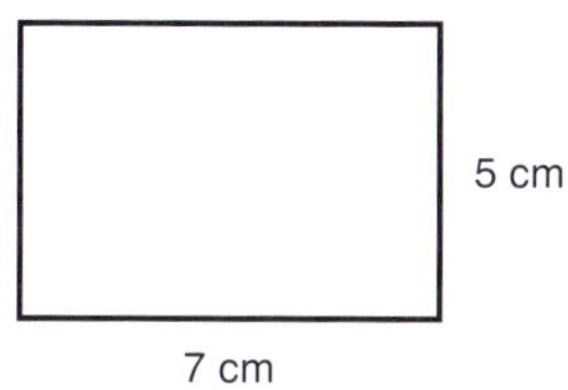

Ergänze die fehlenden Maßzahlen!

	Länge	Breite	Umfang	Flächeninhalt
3	12 cm	8 cm	cm	
4	12 cm	8 cm		cm^2
5	60 cm	15 cm	cm	
6	60 cm	15 cm		cm^2
7	cm	15 cm	60 cm	
8	15 cm	cm		$60\ cm^2$

Lösung	Feld
4 cm	19
15 cm	11
24 cm	13
$35\ cm^2$	5
40 cm	16
$96\ cm^2$	2
150 cm	21
$900\ cm^2$	18

9 Ein rechteckiges Flachdach mit 12 m Länge und 9 m Breite soll geteert werden. Für wieviel m^2 muß Teer besorgt werden?

10 Das Flachdach soll anschließend ringsum mit einer Aluminiumleiste eingefaßt werden. Wieviel m Leiste muß gekauft werden?

11 Herr Bosse hat einen quadratischen Garten von 30 m Länge. Den Garten umzäunt er mit Maschendraht. Wie lang wird der Zaun?

12 „Die Hälfte des Gartens werde ich mit Rasen besäen", überlegt Herr Bosse. Für wieviel m^2 muß er Rasensamen kaufen?

13 Holger soll die Außenlinien um den Fußballplatz (95 m lang, 58 m breit) neu einkreiden. Wie lang wird die Kreidelinie?

14 Eine Straße von 10 m Breite wird neu geteert. An einem Tag schafft die Baukolonne eine Fläche von 3000 m^2. Wie lang ist das fertiggestellte Straßenstück?

15 Manuela steckt für ihre Kaninchen im Garten mit 10 m Maschendraht ein rechteckiges Gehege ab. Es wird 2 m breit. Wie lang ist das Gehege?

16 Herr Neumeyer möchte die Terrasse an seinem Haus mit Platten belegen. Die Terrasse ist 9 m lang und halb so breit. Die quadratischen Platten sind 50 cm lang. Wie viele Platten benötigt Herr Neumeyer?

Lösung	Feld
3 m	3
42 m	22
108 m^2	15
120 m	8
162	14
300 m	17
306 m	1
450 m^2	24

17 Wie groß ist der Umfang?

18 Wie groß ist der Flächeninhalt?
(<u>Hilfe:</u> Berechne die Flächeninhalte der gestrichelt markierten Rechtecke und addiere!)

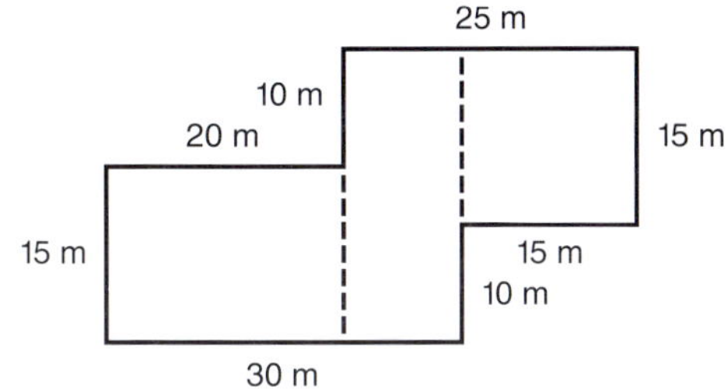

19 Ein quadratischer Garten mit 64 m^2 Flächeninhalt soll eingezäunt werden.
Wie lang wird der Zaun? *(<u>Hilfe:</u> $64 = 8 \cdot 8$)*

20 Ein Rechteck, dessen eine Seite 7 cm lang ist, hat einen Umfang von 24 cm.
Wie groß ist der Flächeninhalt?

21 Wie lang ist die Paketschnur, wenn man für die Verknotung 20 cm ansetzt?

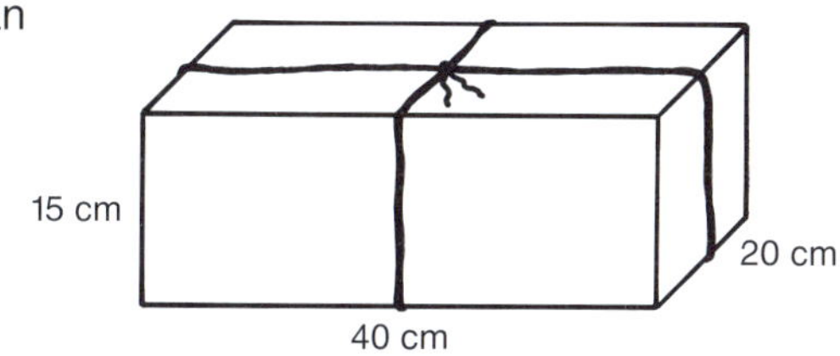

22 Eine 6 m lange und 2,50 m hohe Wand soll tapeziert werden. Die Tapetenrollen sind 10 m lang und 50 cm breit. Wie viele Rollen Tapete werden benötigt?

23 Wie groß ist der Flächeninhalt?

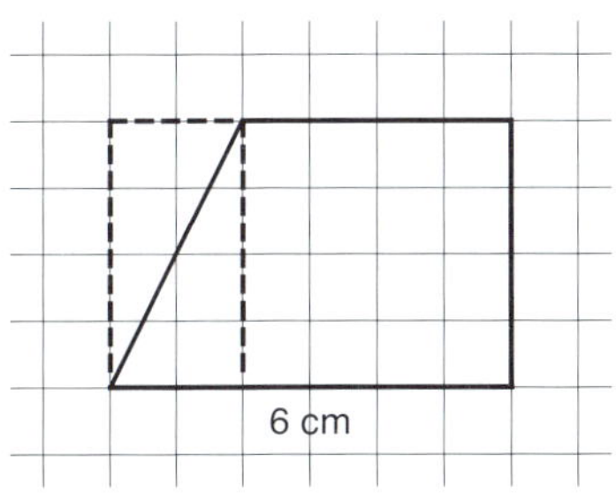

24 Wie groß ist der Flächeninhalt des Dreiecks?
(<u>Hilfe:</u> Berechne zunächst den Flächeninhalt des gestrichelten Rechtecks und halbiere!)

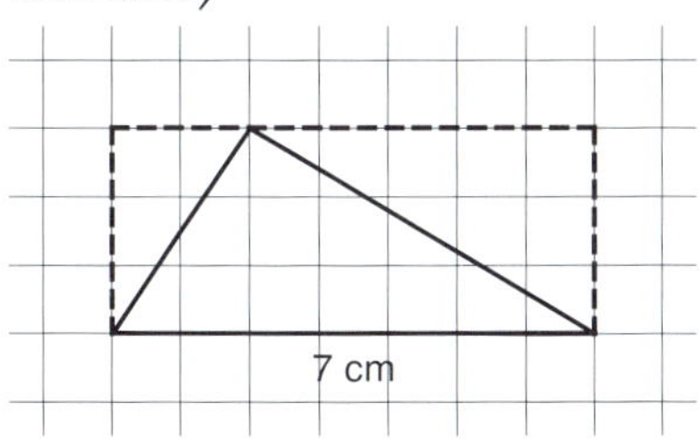

Lösung	Feld
2 m	9
3	6
10,5 cm^2	10
20 cm^2	20
32 m	12
35 cm^2	7
140 m	23
775 m^2	4

Rund um den Quader

Unterscheide!

Inhalt der Oberfläche

(Wieviel paßt außen dran?)

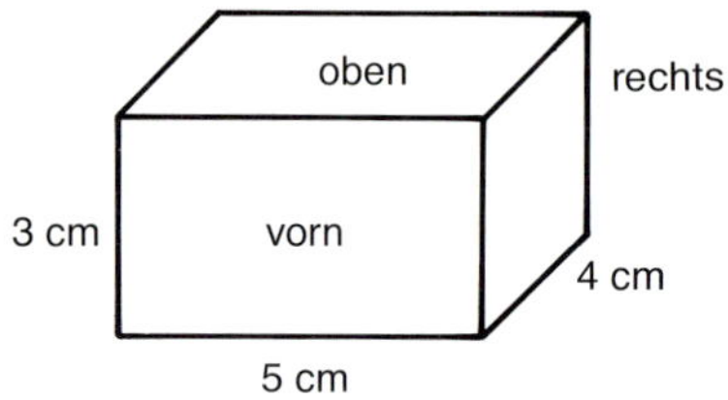

unten + oben | *hinten + vorn* | *links + rechts*

$$2 \cdot 4 \cdot 5\,\text{cm}^2 + 2 \cdot 3 \cdot 5\,\text{cm}^2 + 2 \cdot 3 \cdot 4\,\text{cm}^2$$
$$= 94\,\text{cm}^2$$

Rauminhalt (Volumen)

(Wieviel paßt hinein?)

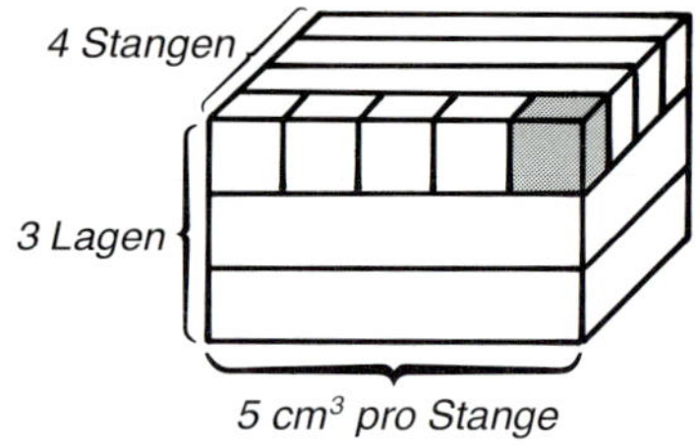

$$3 \cdot 4 \cdot 5\,\text{cm}^3$$
$$= 60\,\text{cm}^3$$

Berechne die Rauminhalte (Volumina) für Quader mit den folgenden Kantenlängen:

1 Länge: 3 cm Breite: 2 cm Höhe: 5 cm

2 Länge: 6 cm Breite: 8 cm Höhe: 10 cm

3 Länge: 4 cm Breite: 3 cm Höhe: 0,5 cm

4 Länge: 6,2 cm Breite: 5 cm Höhe: 1 cm

5 Länge: 1,20 m Breite: 0,02 m Höhe: 0,05 m

6 Länge: 5 dm Breite: 5 cm Höhe: 5 mm

(Hilfe für 5 und 6: Kantenlängen zuerst in cm umrechnen!)

Lösung	Feld
$6\,\text{cm}^3$	22
$30\,\text{cm}^3$	11
$31\,\text{cm}^3$	12
$125\,\text{cm}^3$	8
$480\,\text{cm}^3$	7
$1\,200\,\text{cm}^3$	15

Berechne die Oberflächeninhalte für Quader mit folgenden Kantenlängen:

7	Länge:	3 cm	Breite:	2 cm	Höhe:	1 cm
8	Länge:	6 cm	Breite:	8 cm	Höhe:	10 cm
9	Länge:	4 cm	Breite:	3 cm	Höhe:	0,5 cm
10	Länge:	5 dm	Breite:	5 cm	Höhe:	5 mm

Berechne für einen Würfel mit der Kantenlänge 2 m

11 den Rauminhalt (das Volumen),

12 den Inhalt der Oberfläche!

Berechne für einen Würfel mit der Kantenlänge 4 m

13 den Rauminhalt (das Volumen),

14 den Inhalt der Oberfläche!

Ein Quader ist 2 m hoch, doppelt so breit und fünfmal so lang.

15 Berechne den Rauminhalt!

16 Berechne den Inhalt der Oberfläche!

Lösung	Feld
8 m^3	6
22 cm^2	1
24 m^2	2
31 cm^2	21
64 m^3	23
80 m^3	9
96 m^2	19
136 m^2	24
376 cm^2	5
555 cm^2	16

17 Wie viele Würfel von 1 dm Kantenlänge passen in eine Kiste mit den Innenmaßen 1 m Länge, 8 dm Breite und 2 dm Höhe?

18 Wie viele Würfel mit 2 dm Kantenlänge passen in dieselbe Kiste?

19 Herr Mey baut im Garten für seine beiden kleinen Kinder eine Sandkiste. Sie soll 2,50 m lang und 2 m breit werden. Wieviel m^3 Sand muß Herr Mey bestellen, wenn der Sand in der Kiste eine Tiefe von 50 cm haben soll?

20 Ein Schwimmbecken von 8 m Länge, 3 m Breite und 2 m Höhe soll von innen mit Kunststoffarbe gestrichen werden. Für wieviel m^2 muß Farbe eingekauft werden?
(Hilfe: die vier Seitenwände und der Boden des Beckens werden gestrichen!)

21 In dieses Schwimmbecken werden 36 m^3 Wasser eingelassen. Wieviel cm ist das Wasser im Becken tief?

22 Anne bekommt ein neues Aquarium geschenkt, das 80 cm lang, 50 cm breit und 40 cm hoch ist. Sie will es mit einem 10 l - Eimer füllen. Wie oft kann sie einen vollen Eimer in das Becken entleeren?

23 Wieviel m Kantenlänge hat ein Würfel mit dem Oberflächeninhalt von 54 m^2?
(Hilfe: Berechne erst den Flächeninhalt einer Seitenfläche!)

24 Wieviel m Kantenlänge hat ein Würfel mit 8 m^3 Rauminhalt?
(Hilfe: Für welche Zahl a gilt $a \cdot a \cdot a = 8$?)

Lösung	Feld
1,50 m	3
2 m	4
2,5 m^3	14
3 m	18
16	20
20	10
68 m^2	17
160	13